(Conserver la couverture)

NOTICE

SUR

MADAME BURON

NÉE JUSTINE-ALEXANDRINE CHEVALLIER

1873

In 8° /28441

NOTICE

SUR

MADAME BURON

DÉPÔT LÉGAL
Seine
N.º 4241
1876

NOTICE

SUR

MADAME BURON

NÉE LE 26 MARS 1809,

DÉCÉDÉE LE 10 AVRIL 1873

> Celui qui a trouvé une femme vertueuse
> a trouvé un grand bien, et il a reçu du
> Seigneur une source de joie.
>
> *Livre des Proverbes*, ch. 12, v. 4.)

A

MES CHERS ENFANTS

Chère et regrettée Justine, enlevée si soudainement et d'une façon si cruelle à ma longue et sincère amitié, accepte ces quelques pages que je consacre au souvenir de tes vertus, et que je dédie à nos chers enfants que tu as entourés de tant de soins et d'affection.

Puissent aussi nos petits-enfants, un jour, en lisant cette notice, apprendre à t'aimer, sans t'avoir connue, à te vénérer ; puissent-ils surtout, à ton exemple, faire le bien et pratiquer la vertu !

L. B.

Le 26 mars 1809, dimanche des Rameaux, naquit dans l'île Saint-Louis, de François-Gabriel Chevallier de Damp-court et de Marie-Françoise Bataille, son épouse, une fille qui reçut à son baptême les prénoms de Justine-Alexandrine.

Né d'une bonne famille que la révolution avait ruinée, son père se vit réduit à la dure nécessité de travailler pour vivre. Faisant donc appel à l'instruction qu'il avait reçue chez les Bénédictins où il avait été novice, et renonçant en homme sage à toute prétention nobiliaire, il s'était mis courageusement, sous le nom de Chevallier, à donner des leçons, sans regarder en arrière, et arrivait ainsi à élever honorablement ses quatre enfants, un fils et trois filles.

Les cinq ou six premières années de la vie de Justine, la plus jeune, n'offrent naturellement rien de remarquable. De bonne heure cependant, comme me l'ont affirmé ceux qui l'ont connue depuis l'enfance, Justine manifesta les plus grandes dispositions pour apprendre, et une fierté d'âme précoce dont la preuve la plus évidente fut l'horreur profonde du mensonge et de la dissimulation. Quoique vive et enjouée, espiègle même, elle montra aussi, dès sa plus tendre jeunesse, du caractère et un grand esprit d'ordre qui l'a accompagné jusqu'à la fin de sa vie.

Quand arriva pour Justine l'époque de sa première communion, elle la fit pieusement, avec une foi sincère, et conserva toujours de ce grand acte un précieux souvenir. Comme à partir de ce moment elle devint plus sérieuse, plus raisonnable et plus appliquée, ses progrès furent aussi plus rapides et plus marqués.

Mais sans autres ressources que son travail pour soutenir une maison qui devenait de jour en jour plus lourde, M. Chevallier se vit contraint de songer à pourvoir de bonne heure ses enfants d'une profession. Il eut, dans cette grave circonstance, le bon esprit de consulter leur goût et leurs aptitudes, et l'on décida de faire de Justine un professeur de français.

Elle venait d'atteindre à peine sa quatorzième année que déjà commençait pour elle une vie toute de labeur et de dévouement. En effet, tout en achevant ses études, elle donnait elle-même ses premières leçons.

Quoique chez M. Chevallier on fût obligé de demander au travail le pain de chaque jour, on y était cependant assez souvent en fête ; on y recevait régulièrement tous les samedis une société de gens spirituels et distingués, qui apportaient dans ces soirées intimes leur tribut de savoir, d'esprit et d'érudition. Mme Chevallier, femme aimable et charmante, n'était pas le moindre agrément de ce modeste salon dont elle savait très-bien faire les honneurs. C'était du reste pour ses enfants une excellente occasion de s'instruire, écouter étant un des plus sûrs moyens d'orner son esprit et sa mémoire.

Il en fut ainsi du moins pour Justine, et j'ai pu constater que ces conversations n'avaient pas été perdues pour elle. Un autre avantage qu'elle en avait retiré, c'était l'habitude du monde; elle savait causer, et avait dans les manières une aisance à la fois simple, gracieuse et modeste. La nature, il est vrai, semblait s'être plu à la combler de ses faveurs, et, douée déjà à un haut degré des qualités du cœur et de l'esprit, elle possédait encore ces attraits extérieurs qui plaisent et séduisent dans la jeune fille. Les traits de Justine n'étaient pas précisément remarquables, et pourtant, grâce à l'expression vive et animée de sa physionomie pleine d'agrément, on se sentait à première vue attiré, charmé.

Quelquefois les petites soirées de la famille Chevallier prenaient un autre caractère; on dansait, on faisait de la musique, on jouait des charades, et surtout on s'amusait beaucoup et fort innocemment, ce qu'on ne sait plus faire aujourd'hui. Les demoiselles Chevallier, à peine à cet âge où la jeune fille s'épanouit, faisaient déjà le principal ornement de ces charmantes réunions, et je dois à la vérité de dire que Justine, la plus jeune, mais la plus svelte et la plus développée, y brillait entre toutes.

Dans cette maison où l'on savait si bien s'amuser, le plaisir reposait du travail mais n'en détournait pas, et les enfants, à l'exemple de leur père, ne s'y donnaient qu'avec plus d'ardeur. Mais la maison était lourde, et les parents de Justine acceptèrent pour elle le poste difficile et délicat d'institutrice. Elle était, il est vrai, d'une raison au-dessus de son âge, comme le prouve ce début d'une lettre que lui écrivait quelque temps auparavant une amie de sa mère : « Chère petite, je te sais déjà si raisonnable que je veux aujourd'hui te traiter en femme et causer sérieusement avec toi, etc., » et, en effet, dans cette lettre que j'ai entre les mains, cette mère de famille s'entretient des ennuis, des tracas, des soucis de son intérieur avec une jeune fille de quinze ans, preuve évidente de confiance en son esprit sérieux. Justine partit donc pour Melun où l'appelaient ses nouvelles fonctions à un âge où la jeune fille, plus que jamais, a besoin de vivre sous l'œil maternel.

Elle quitta bientôt cette place, qui ne lui convenait guère, pour aller en qualité de sous-maîtresse dans une pension de jeunes personnes à Pont-Sainte-Maxence. Elle s'y acquitta de ses nouveaux devoirs avec zèle et intelligence, mais aussi avec ce feu, cette ardeur qui plus d'une fois ont failli compromettre sa santé. En effet, elle y tomba malade, et ses parents s'empressèrent de la rappeler. Justine accourut avec joie sous le toit paternel, car nulle part son cœur affectueux ne se trouvait aussi bien qu'au milieu des siens. Mais ce ne fut pas pour longtemps; aussitôt rétablie, elle accepta une nouvelle place de sous-maîtresse dans une assez forte institution, à Bagneux.

Justine y était à peine depuis quelques semaines, qu'élèves et parents l'adoraient et ne voulaient plus avoir affaire qu'à elle. J'en ai pour preuve une lettre que lui adressait une mère au sujet de sa fille ; elle lui en faisait connaître le caractère, les qualités et les défauts, lui demandant pardon pour une faute que cette enfant avait commise, et en même temps des conseils pour la conduire et la diriger sagement, tout cela en dehors de la directrice qui semblait n'être plus qu'un nom pour l'institution, depuis qu'elle avait eu l'heureuse chance de tomber sur une sous-maîtresse qui en était devenue l'âme. Les élèves elles-mêmes, lorsqu'elles s'absentaient, entretenaient correspondance avec Justine; aussi la directrice en éprouva-t-elle un certain sentiment de jalousie, mais cette jeune personne avait un si heureux caractère, savait si bien prendre les élèves et lui était devenue si nécessaire que, faisant contre fortune bon cœur, elle l'accabla de témoignages d'amitié. Toutefois, la pauvre sous-maîtresse eut souvent à souffrir de la nature capricieuse et bizarre de sa supérieure.

Cependant, parmi toutes les qualités de Justine, il y en avait une qui dégénérait en défaut par son excès même, c'était le sentiment, le besoin de la perfection. Elle ne pouvait rien souffrir d'inachevé, d'incomplet. Voulant donc que dans cette institution dont on lui laissait, à peu de chose près, l'entière direction, tout marchât parfaitement, elle se donna tant de mal, et se fatigua tellement que bientôt on la vit pâlir, maigrir et perdre l'appétit. Enfin une petite toux sèche inquiéta le médecin qui déclara que si la jeune sous-maîtresse ne quittait pas à l'instant la pension pour prendre un repos absolu, sa poitrine serait infailliblement compromise.

Justine retourna donc de nouveau chez ses parents pour ne plus les quitter qu'à son mariage. Quand sa santé fut rétablie, ce qui, cette fois, demanda des soins et du temps, elle se proposa pour double but de se faire une bonne clientèle d'élèves, et de perfectionner son instruction un peu trop élémentaire sur quelques points.

L'air avenant de Justine, les nombreuses relations de son père lui eurent bientôt procuré la clientèle ; un excellent ami de la famille, homme fort instruit et esprit distingué, dont je me fais un devoir de proclamer le nom, M. Pacaud, bibliothécaire à Sainte-Geneviève, compléta son instruction. Outre le français dont il lui fit sentir les nuances les plus délicates, il lui enseigna l'anglais qu'elle réussit à parler couramment, l'italien, l'histoire et la littérature. Il s'appliqua à lui développer l'esprit et le goût, et je peux dire, d'après son témoignage, que jamais élève n'a mieux répondu aux soins de son professeur. Elle prenait aussi des leçons de dessin d'un excellent maître, allait à son atelier, et montrait pour cet art les plus grandes dispositions. Comme d'ailleurs, le nombre de ses élèves allait tous les jours croissant, elle put bientôt subvenir à ses dépenses, placer quelques économies et faire même à ses parents une rente annuelle de 600 francs.

Justine Chevallier était alors dans tout son éclat, aussi les aspirants à sa main ne manquèrent-ils pas. Mais son éducation, ses qualités, son instruction la rendaient difficile ; à défaut de fortune elle voulait dans son mari de la capacité, du savoir, de la distinction, et surtout des principes religieux et moraux. Comme tous ceux qui se présentèrent ne lui offraient point ces garanties, elle les refusa obstinément, aimant mieux ne se marier jamais qu'unir son sort à un homme incapable de la rendre heureuse.

Je me trompe ; il s'en présenta un possédant toutes les qualités qu'elle cherchait et de plus une certaine aisance ; mais, effrayé d'épouser sans dot une jeune fille à qui ses parents n'avaient pas donné l'exemple de la plus stricte économie, il se retira, où plutôt la Providence qui me réservait ce trésor, fit échouer ce projet de mariage.

Agé de vingt-cinq ans à peine et professeur libre, je cherchais une jeune fille simple et bonne qui consentît à s'unir à un homme dont la jeunesse, la bonne santé, l'amour du travail et la foi dans l'avenir formaient le principal avoir.

C'est alors qu'on me parla de Mlle Justine Chevallier, et le 1er novembre 1838, jour de la Toussaint, je fus admis à l'honneur de la voir et de causer avec elle. Ses agréments personnels, son instruction, sa conversation vive, spirituelle et enjouée me charmèrent; moins d'un mois après ma première visite notre mariage était décidé, et le 15 avril 1839, nous contractions au pied de l'autel une union que la mort seule a pu dissoudre.

Contrairement à ce qui, hélas! arrive trop souvent, je m'aperçus tous les jours davantage que j'avais apprécié Justine au-dessous de sa valeur, et j'acquis la preuve de la haute estime qu'on avait pour elle, et de l'affection que lui portaient toutes ses élèves. Mais aussi, quel tact dans sa manière de les prendre, quelle autorité, quel empire elle exerçait sur ces jeunes intelligences! Quelle clarté dans son enseignement! Ferme, sévère même, on ne l'en aimait que mieux. Avec elle, il fallait absolument qu'on apprît, et je ne crois pas que jamais soit sortie de ses mains une élève qui ne fût capable d'écrire et de parler avec clarté, précision et pureté. Je viens de dire que toutes ses élèves l'aimaient, qu'on en juge par ce fragment de lettre de l'une d'elles en vacances :

Chère Mademoiselle,

Les vacances sont plutôt pour moi un moment de tristesse que de délassement, car elles m'obligent à vous quitter et à abandonner ces leçons qui me procurent tant de joie et que je prends avec tant de plaisir. Eloignée de vous et privée de vos bons conseils, le temps me paraît si long que je souhaite ardemment mon retour à Paris pour vous embrasser et vous dire de vive voix ce que j'ai éprouvé loin de vous.

AMELIE D'OR...

23 septembre 1838.

Ce que cette élève écrivait, toutes le disaient ou le sentaient. Comment en aurait-il pu être autrement ? Justine n'était pas seulement un professeur, c'était un guide sage et éclairé, une amie dévouée.

« Comment ne pas vous remercier d'une lettre si pleine de raison, de bonté et de sensibilité... » lui répondait un père à l'occasion d'une lettre qu'elle avait écrite à la fille de celui-ci. « Croyez à mon amitié, chère Justine, elle a sa racine dans mon cœur, dans *tout ce que vous valez,* » lui écrivait M. Pacaud, l'ami qui avait si heureusement perfectionné son instruction ; et il ajoutait, car elle lui en témoignait souvent sa reconnaissance : « Je vous gronderai cependant pour un peu d'exagération dans ce que vous voulez bien dire sur les prétendues obligations que vous m'avez, etc. »

11 septembre 1839.

Ainsi Justine, comme tous les cœurs généreux, était reconnaissante, qualité rare qu'elle possédait au plus haut degré. Dévouée, obligeante pour tous, elle détestait la médisance, et sa charité pour les pauvres lui faisait faire plus que ne lui permettaient ses faibles ressources. Telle était enfin sa franchise, l'amabilité de son caractère, qu'elle sut, chose assez difficile, conserver jusqu'à la fin de sa vie ses anciens amis et même s'en faire de nouveaux.

Dieu qui déjà nous avait accordé trois enfants, une fille et deux garçons, notre espoir et notre joie, nous en envoya un quatrième. Mais le ciel, cette fois plus rigoureux à notre égard, nous l'enleva six semaines après sa naissance. Justine en fut profondément affligée, et voici en quels termes elle exprimait sa douleur à une ancienne élève, devenue son amie, et marraine de notre second fils :

« Plaignez-moi, ma chère Emilia ! après avoir eu le le bonheur de voir et d'embrasser le plus joli enfant 'que j'aie encore eu, il m'a fallu le perdre à sept semaines ! Dieu me l'a impitoyablement enlevé ! Ah ! sans doute, mon Dieu, je méritais une telle peine, mais vous qui êtes si bon, pourquoi me l'avoir infligée ? Pourquoi m'avoir donné tant de bonheur pour me le ravir avant que j'aie pu le goûter ? Pourquoi, mon Dieu ! pourquoi ?... Mais chère Emilia, vous souriez de pitié, vous qui vivez entre le ciel et la terre ; vous me trouvez bien insensée d'oser adresser à Dieu un pourquoi ? Ah ! vous êtes bonne, mais vous n'êtes pas mère, et vous ne pouvez sentir cet égoïsme d'affection qui veut jouir sans partage d'un bien qui lui appartient à de si justes titres, et qu'elle paie par tant de souffrances. Ah ! je voudrais pouvoir me réjouir d'avoir un ange au ciel ; la part que Dieu a faite à mon petit Raoul est belle, mais la mienne.... Où est la récompense des maux que j'ai soufferts ? Malheureuse !... Je ne veux pas me plaindre, mais, mon Dieu, épargnez-moi ! Priez pour moi, ma bonne Emilia ; priez pour ceux qui me restent ! Je ne suis plus tranquille maintenant, la plus petite chose me fait peur... »

Comme on sent bien dans cette lettre la lutte entre l'amour maternel, si cruellement éprouvé, et la résignation chrétienne. Cette dernière triomphe, mais le cœur reste profondément ulcéré.

La mort de notre petit Raoul n'était pas notre premier chagrin ; hélas ! elle ne fut pas non plus notre dernier.

Nous vîmes tomber successivement autour de nous parents et amis, mais nous nous consolâmes dans notre affection mutuelle et dans notre sollicitude pour les enfants que le ciel nous avait laissés.

La révolution de 1848, en nous faisant perdre tous nos élèves, me jeta dans une profonde inquiétude sur le présent et sur l'avenir, mais Justine, toujours pleine d'énergie, releva mon courage, et grâce à Dieu, nous surmontâmes les difficultés de la situation.

Cependant nos enfants grandissaient, et, toujours appelé au dehors par mes occupations, j'eus le regret de prendre moins de part que je ne l'aurais voulu à leur éducation réclamant des soins plus suivis et plus sérieux. Aussi quelle surcharge pour leur mère ! Outre ses leçons qu'elle continuait à donner avec zèle et régularité, elle veillait encore avec une attention minutieuse sur sa fille, sur ses fils et sur sa maison, toujours parfaitement tenue. Comment a-t-elle fait pour se multiplier à ce point et faire face aux exigences d'une situation aussi complexe, c'est un problème que je me pose encore aujourd'hui sans pouvoir le résoudre.

Lorsque vint pour notre fille l'époque de la première communion, sa mère sut trouver le temps de la conduire au catéchisme, de la guider dans ses analyses et de la préparer à ce grand acte qui joue le plus souvent dans le reste de la vie un rôle si décisif et si important. Enfin, quand nos fils suivirent comme externes les cours du lycée, leur mère avait su prendre sur eux de longue date un tel ascendant et une telle autorité que jamais il ne leur vint dans la pensée de s'y soustraire, même pendant les absences fréquentes que lui imposaient ses leçons pour la plupart extérieures. Aussi pûmes-nous les faire jouir du double

avantage de l'éducation de la famille et des études univer-
sitaires.

Mais le temps marche rapidement ; à vingt ans nous
mariâmes notre fille, et ma femme se montra dans cette
circonstance, comme toujours, pleine de tendresse et de
dévouement, soutenant sa chère enfant dans les dures
épreuves de la vie que Dieu, hélas ! ne lui épargna pas,
donnant à son gendre de sages conseils, et prodiguant ses
soins et ses caresses à ses petits-enfants.

Nos fils avançaient aussi dans leurs études, et chacun
se dirigeant du côté où l'entraînaient ses goûts, l'aîné en-
tra à l'Ecole des Mines et obtint le brevet d'ingénieur civil ;
le cadet fit son droit, et, ses examens passés, prit le titre
d'avocat. Enfin, grâce au tact, à la prudence, à l'habileté
de leur mère, aux principes d'honneur et de religion dont
nous les avions profondément imbus, jamais, à cet âge
que l'on regarde généralement comme fort difficile pour les
jeunes gens, nos fils ne s'écartèrent de la ligne droite et
ne nous causèrent un chagrin sérieux.

Je viens de dire que Justine était à la fois ferme et tendre
pour ses enfants ; ce sont deux qualités bien précieuses,
qu'une mère n'arrive pas toujours à concilier. Elle ne laissait échapper aucune occasion de parler à leur raison et à
leur cœur. « Souviens-toi, disait-elle un jour à notre fils
aîné auquel elle s'était vue contrainte de refuser quelque
chose qu'il désirait vivement, souviens-toi bien, mon
cher ami, que le plus grand plaisir d'une mère est d'être
agréable à ses enfants ; et que, si quelques circonstances
impérieuses la forcent à ne pas satisfaire leurs désirs, c'est
toujours elle qui en éprouve le plus vif regret. »

Elle habitua aussi ses enfants à faire avec soin, même
les choses les moins importantes, leur répétant sans cesse :

« Donnez toute votre attention à ce que vous faites : *age quod agis,* » convaincue qu'elle était que celui qui se montre négligent dans les petites choses le devient aussi dans les grandes. Justine voulait aussi qu'ils tinssent un compte régulier de leurs recettes et de leurs dépenses, qu'ils nous rendissent exactement ce qu'ils nous empruntaient, ne fût-ce qu'une bagatelle : *Question d'ordre,* leur répétait-elle souvent, et ils sont devenus économes et rangés.

La jeunesse, ardente en ses désirs, devance le temps ; elle voudrait toujours, pour quelque bonne raison, le voir marcher plus rapidement, mais Justine calmait cette fièvre dévorante en disant à ses enfants : « *Pourquoi désirer vieillir? Le temps marche assez vite, ne le devancez donc point par la pensée, à chaque jour suffit sa peine ou son plaisir.*» Se laissaient-ils aller à l'antipathie pour quelqu'un en particulier ou pour le monde en général, ce qui se rencontre quelquefois, même chez le jeune homme trompé, déçu, elle leur disait : « *Le monde rend ce qu'on lui donne ; il est obligeant et serviable envers ceux qui le sont pour lui.* » « *Ne médisons pas,* leur répétait-elle aussi sans cesse, *nous prêtons nous-mêmes tellement le flanc à la médisance ; rien d'ailleurs n'est plus contraire à la doctrine du Christ si pleine d'indulgence et de charité.* » Toutefois elle les prémunissait contre un défaut qu'on peut prendre pour de la bonté et qui n'est le plus souvent que de la faiblesse, en leur citant ce proverbe dont la vulgarité n'affaiblit pas la vérité : « *Quand on se fait agneau le loup vous mange.* » Voulaient-ils enfin, ainsi qu'il arrive souvent aux jeunes gens, raisonner à perte de vue ou faire de l'esprit : « *Vous êtes trop forts pour moi, je ne peux vous suivre,* » et aussitôt ils devenaient plus simples, moins prétentieux.

Je ne prétends pas que Justine usât d'un procédé particulier pour élever ses enfants, mais ce que je constate,
c'est que celui qu'elle employa lui réussit, et que ceux-ci,
devenus grands, furent bien accueillis dans le monde et
surent s'en concilier l'estime.

Que de tendresse dans cette âme si fortement trempée !
Le passage suivant d'une lettre que Justine m'écrivait à
son arrivée à Freneuse, chez la nourrice de notre second
fils, le fera mieux comprendre que tout ce que je pourrais
dire : « Quant au physique, j'ai fait un très-bon voyage,
mais le moral était bien sombre ! Il m'a paru si triste de
m'en aller à dix-huit lieues sans toi ; tu ne saurais croire
combien je souffrais de te dire adieu. Il m'a fallu prendre
le parti que j'ai pris pour pouvoir le faire, ça été de ne pas
le faire du tout. Quitter mes enfants me déchirait le cœur ;
m'éloigner de toi m'attristait l'âme !... Il m'a fallu vingt
fois retenir mes larmes le long du chemin, et quand je
suis arrivée, je n'ai pu aborder personne sans pleurer.»

Cette expansion de tendresse, ces déchirements de cœur
à propos d'une séparation de dix-huit lieues, et pour quelques jours seulement, pourraient faire sourire aujourd'hui
qu'on met si facilement entre les siens et soi les mers et les
montagnes, mais alors il n'en était pas encore ainsi. D'ailleurs la même femme qui s'arrachait avec tant de peine de
sa maison et qui ne me voyait pas sans crainte et sans
appréhensions m'éloigner moi-même à une distance de
quinze lieues, m'encourageait cependant à prolonger mon
séjour à Londres où j'étais allé pour affaires. J'y étais à
peine depuis quinze jours, que je voulais brusquer mon
retour, au risque de compromettre ce que j'avais entrepris ;
Justine qui savait toujours puiser du courage dans la nécessité m'écrivait : « Il paraît que tu t'ennuies là-bas ;

prends garde, si tu te laisses dominer par cette maladie, cela pourra nuire à ton travail, et je t'avoue que je regretterais bien vivement qu'il ne portât pas fruit. Si je savais cela, ma foi, je partirais te rejoindre, au moins nous n'aurions pas tout sacrifié. Tu sais comme je suis ; tant que je me crois secondée, je vais, et je veux que le *devoir* soit mon maître. Mais si cette idée m'abandonne, la passion s'en mêle, et alors je ne me crois pas capable de beaucoup de bon. Si donc l'amour du devoir, moi, faible femme, me fait surmonter tant de chagrin, quelle puissance ne doit-il pas avoir sur toi, homme et chef de famille ? Tu as entrepris une grande tâche, c'est vrai ; mais tu devais en prévoir les conséquences, et je crois, sauf maladie ou accident, que tu dois la poursuivre avec cœur afin d'en sortir honorablement. »

Cependant les années s'accumulaient sur nos têtes, Justine se fatiguait et je l'engageais à se reposer, mais elle aimait l'enseignement, elle aimait ses élèves, et malgré moi elle continua quelque temps encore une mission dont elle s'acquittait si bien.

Enfin, lorsque sur ma demande expresse, elle renonça aux leçons et se décida à se reposer, elle profita de ses premiers loisirs pour faire avec notre jeune ingénieur un charmant voyage dans l'Alsace et dans les Vosges. Les lettres qu'elle m'écrivit alors, en me mettant au courant jour par jour, je dirais presque heure par heure, des incidents de la route, des pensées et des impressions de mes chers voyageurs, me faisaient vivre encore avec eux, et cette correspondance est aujourd'hui pour moi un précieux souvenir.

Justine cependant regrettait beaucoup que mes occupations ne m'eussent pas permis de l'accompagner, aussi une de ses lettres, tout en débutant sur un ton plaisant, exprime-t-elle fortement ce regret sur lequel elle revenait souvent : « Bien que la liberté soit ta première maîtresse, laisse-moi croire que je te manque un peu ; quant à moi, tu me manques toujours, surtout quand il m'arrive de jouir, comme aujourd'hui, d'un plaisir que tu ne partages pas..... »

Mais l'horizon ne tarda pas à s'assombrir pour nous ; au mois de mai 1868, un affreux accident arrivé à notre ingénieur, devenu employé de la compagnie du chemin de fer d'Orléans, et envoyé depuis peu à Tours, mit le cœur maternel de Justine à une cruelle épreuve. Il s'était cassé les deux jambes en tombant sur la voie ! Aussitôt cette pauvre mère alla s'établir au chevet du malheureux blessé, lui donnant, de concert avec une sœur dont je n'oublierai jamais la tendre charité, les soins les plus dévoués, et ne le quittant pas qu'elle n'eût reçu du docteur l'assurance qu'il n'y avait plus aucun danger. En effet, Dieu permit que notre fils sortît sain et sauf de ce terrible accident. Mais hélas ! cinq ans plus tard, sa pauvre mère devait être victime d'une malheur plus déplorable encore, et le ciel, moins clément pour elle, l'a enlevée à notre amour.

Depuis deux ans à peine Justine jouissait d'un repos bien mérité, quand arriva l'année malheureuse et fatale de 1870. Au début de la guerre funeste engagée avec la Prusse, notre fille eut la douleur de perdre presque subitement son mari, et sur un ordre formel du médecin, craignant qu'un plus long séjour à Paris ne compromît sérieusement la santé de ma femme qu'une congestion aux poumons avait un instant rendue très-malade, nous dûmes nous rendre immédiatement au bord de la mer. Avec quel serrement de cœur nous nous separâmes de notre pauvre fille que ses affaires retenaient à Paris et dont nous emmenions les enfants ! Quelle inquiétude pour notre second fils que nous abandonnions à tous les hasards de la guerre et d'un siége imminent ! Avec quelle tristesse nous nous éloignâmes de Paris menacé de si grands malheurs !

C'est dans une petite localité de la Bretagne, sur une plage solitaire, à Saint-Quay-Portrieux, au couvent des religieuses des saints cœurs de Jésus et de Marie, que nous nous abritâmes pendant cet épouvantable orage qui se déchaînait sur la France, et nous y reçûmes une hospitalité aimable et empressée. Nous n'y trouvâmes certainement pas le calme de l'âme, mais du moins nous y jouîmes de la paix matérielle et du bon air.

Là, comme à Arcachon où les circonstances nous poussèrent ensuite vers la fin de la guerre et pendant la Commune, c'est-à-dire pendant neuf longs mois, Justine montra la force, l'élévation de son caractère et la tendresse de son cœur, affectant, pour soutenir mon courage, une tranquillité d'esprit qu'elle n'avait pas, redoublant de piété, priant Dieu pour la France, supportant enfin courageusement ce long exil que venait adoucir à de rares intervalles une lettre de Paris. C'est dans son dévoûment que Justine puisa cette force d'âme. Tout entière aux enfants de sa fille, déjà presque orphelins, tour à tour elle les instruisait, les amusait, les initiait à l'amour de Dieu et de la vertu, et jetait enfin dans leur cœur et dans leur esprit des germes d'honneur et de loyauté qui, j'espère, dans l'avenir porteront leurs fruits. Oui, chère Justine, dans ces circonstances critiques, et dans d'autres encore, tu as été mon ange gardien. Ton esprit vif et juste mesurait d'un coup d'œil les difficultés et les ressources, savait faire face à tout.

La paix ayant été la conséquence de l'armistice du 28 janvier 1871, je rentrai, le 1er mars à Paris, hélas !

en même temps que les Prussiens, laissant à Arcachon
ma femme et mes petits-enfants, afin qu'ils y pussent
jouir de la belle saison dont les approches se faisaient déjà
sentir. J'embrassai avec bonheur mon second fils et ma
fille que je n'avais pas vus depuis six mois, et pour lesquels
j'avais éprouvé tant d'inquiétudes. Ce fut certes pour moi
un heureux moment, assombri cependant par le triste état
dans lequel je retrouvais la grande cité et la fermentation
qui y régnait. De son côté, ma femme se trouvait bien seule,
aussi m'écrivait-elle le lendemain de mon départ : « Je
n'ai pas besoin de te dire que ta pensée me suit comme
mon ombre ; j'ai tellement l'habitude d'user de toi sans
jamais craindre d'en abuser, que toute gêne est un souvenir, tout obstacle un regret. Cependant ne vas pas croire
que l'intérêt me guide ; non, je n'ai pas la moindre envie
de me défendre. Depuis plus de trente ans nous sommes
trop accoutumés à ne jouir complétement de quelque chose
qu'appuyés l'un sur l'autre, pour que je puisse douter un
instant que tu n'admettes tout le regret que j'éprouve de
ne plus t'avoir là, etc..... »

Deux jours après, elle écrivait à son second fils :

« Je me suis pourtant décidée à laisser partir ton père
seul, et pour quelle géhenne, bon Dieu, tandis que je
reste dans un doux paradis. Voilà le fait, il n'est guère à
mon avantage. » Certes, elle était bien excusable, et nous
n'avions pas de plus grand désir que celui de la voir au
calme et respirer le bon air, en attendant les événements,
car l'horizon était bien noir encore.

Il avait été dit que si la paix n'était pas ratifiée, les
mobiles, déclarés prisonniers de guerre, seraient envoyés
en Allemagne, et Justine écrivait à son fils qui semblait
facilement se résigner à cette dure nécessité : « J'admire,

mon cher enfant, avec quel calme tu envisages ton voyage en Allemagne; vraiment tu me parais cuirassé depuis que tu sais affronter les balles. Ne sais-tu pas que ton père est décidé à te suivre, et que moi, je fais tout ce que je puis pour reprendre des forces et l'y accompagner. » Je le demande; était-ce le dévoûment qui lui manquait?

Enfin l'orage avait éclaté, la Commune dominait à Paris, et la France était dans la stupeur. Cette désolante nouvelle était venue troubler ma pauvre femme dans sa paisible retraite, et elle m'écrivait: « Je vais très-bien pour les circonstances, car vraiment c'est à devenir fou ou mort d'entendre et d'attendre! J'ai bien raison d'avoir horreur des séparations; voilà qui justifie largement mes appréhensions. Si ma voix avait eu quelque poids tu serais avec moi, et ce serait un de moins sur lequel j'aurais à gémir. Il me tarde de savoir où et comment vous êtes..... »

Depuis longtemps notre fils aîné sollicitait sa mère de venir passer quelque temps avec lui à Périgueux où le retenait son emploi à la Compagnie d'Orléans. Justine se rendit à ce désir bien légitime, et là, comme partout, elle sut promptement s'organiser un petit intérieur très-confortable dont j'eus le plaisir de jouir pendant six bonnes semaines. Elle s'y occupa avec le même zèle, le même dévoûment des enfants de sa fille auxquels elle se donna tout entière. Pauvres petits ! ils ne comprennent certainement pas toute l'étendue de la perte qu'ils ont faite; peut-être même un jour se rappelleront-ils à peine l'immense service que, à cette époque néfaste, leur a rendu leur grand'mère.

Enfin le 8 octobre 1871, Justine revenait avec moi dans ce Paris qu'elle avait quitté depuis treize mois, et ce fut avec joie qu'elle rentra en possession de ses enfants, de son domicile et de ses habitudes. La maison reprenait sa marche accoutumée, lorsque dans les premiers jours de décembre, deux mois après notre retour, Justine fut atteinte d'une fluxion de poitrine qui nous inquiéta beaucoup et dont elle ne guérit qu'à force de soins ; mais sa santé, déjà chancelante, en resta pendant quelques mois fortemént ébranlée. Elle en était cependant tout à fait remise, et nous touchions à la fin de l'été de 1872, lorsqu'on nous parla, presque en même temps, de deux jeunes personnes pouvant convenir à nos fils. Nous séparer de tous deux à la fois coûtait à notre cœur, mais comment refuser ce que le ciel lui-même semblait nous offrir. Dieu, en effet, qui voulait au plus tôt rappeler à lui l'âme noble et pure de Justine accélérait les événements pour qu'elle ne mourût pas sans avoir achevé sa mission ici-bas. Nous acceptâmes donc le sacrifice, et nos deux fils se marièrent à deux mois de distance.

Bien qu'au fond du cœur nous en fussions heureux, nous en éprouvâmes cependant une certaine tristesse ; il nous était si doux de voir nos fils rentrer chaque jour sous notre toit, de les avoir à notre table, de vivre de leur vie ! Et nous ne nous dissimulions pas que désormais il n'en pouvait plus être ainsi. Nous aimions cependant à nous entretenir dans l'intimité, ma femme et moi, des chances de bonheur qu'ils avaient rencontrées dans le caractère et les qualités de leurs jeunes femmes, et nous en remerciions sincèrement le ciel pour eux et pour nous.

D'ailleurs il ne se passait presque pas de jour que l'un ou l'autre de nos fils ne vînt nous voir et ne nous donnât quelque preuve d'affection. Déjà ils nous avaient reçus dans leur petit intérieur, nous y avions dîné, tout nous faisait entrevoir le meilleur avenir. Le vendredi, ma femme restait chez elle, c'était son jour, et jamais non plus nos vendredis n'avaient été plus suivis; on venait nous voir, nous féliciter, nous donner des preuves de la plus vive sympathie; enfin notre modeste et petit salon était aussi fréquenté que ceux de beaucoup de personnes plus riches et dans une position sociale plus élevée, tant l'estime a de force et de puissance.

Pourtant au milieu de ce concours de félicitations, Justine ne montrait pas toujours un visage épanoui; on sentait que sa joie n'était pas entière, complète. Elle était heureuse d'avoir marié ses deux fils convenablement et à leur goût, mais elle aurait préféré que le second ne suivît pas d'aussi près le premier; aussi à une amie qui lui disait après le mariage de notre fils aîné: « Mais qu'avez-vous donc, ma chère madame Buron? il y a sur votre visage une certaine expression de tristesse; » elle répondit: « Comment puis-je être gaie quand mon dernier pigeon s'envole! »

Nous arrivâmes ainsi au 24 février 1873, c'était le lundi gras, il faisait très-mauvais temps, ma femme se mit en route dans l'après-midi pour la rue St-Martin; elle allait chez d'excellents amis dont le jour de reception est le lundi. Comme il tombait une pluie fine et serrée, je l'engageai à remettre cette visite qui n'était nullement pressée; mais elle ne se rendit pas à mes observations; son heure sans doute était marquée... Justine était mûre pour le ciel! Nous nous étions donné parole à la maison à six heures et demie. Je fus ponctuel, Justine hélas! ne le fut pas! A cette heure-là même, elle venait d'être renversée, place du châtelet, par un cuirassier à cheval! Pourquoi, mon Dieu, ne lui ai-je pas proposé de l'accompagner?

Comment peindre la consternation, la stupeur qui nous frappa lorsque, vers sept heures et demie, on nous ramena dans un fiacre la malheureuse victime de la rapidité avec laquelle cochers et cavaliers, sans souci de la vie de leurs semblables, traversent les rues les plus fréquentées de Paris.

Dans quel triste état nous retrouvions celle que nous aimions tant ! Sur sa joue gauche coulait le sang d'une blessure qu'elle s'était faite près de la tempe ; le moindre mouvement lui arrachait des soupirs et des plaintes ; ses chaussures et ses bas étaient maculés de sang ; son chapeau, ses vêtements étaient souillés de boue.

Non, jamais ce spectacle navrant ne sortira de ma mémoire. Quelle était la nature, la gravité de l'accident ? Nous avions hâte de le savoir, tout en l'appréhendant. En effet, le docteur appelé aussitôt, constata une fracture au col du fémur de la jambe gauche, une autre fracture au péroné de la jambe droite, et de plus, hélas ! au mollet de la même jambe une plaie, épouvantable par sa largeur et sa profondeur, provenant d'un violent coup de pied lancé par le cheval que son cavalier, pour échapper à toute poursuite, avait, paraît-il, piqué de l'éperon.

La fracture du col du fémur était grave sans doute, une claudication assez prononcée devait en être la conséquence nécessaire ; mais la plaie du mollet était bien autrement inquiétante ; là était le mal, là le véritable danger. Dans cette plaie se résumait tout entière la gravité de la situation ! En effet, trois ou quatre jours après ce fatal accident, l'appréhension du docteur ne se trouva que trop bien justifiée. Un érysipèle flegmoneux produisit à la cuisse un énorme flegmon qu'il fallut inciser, percer de part en part, et arroser constamment d'iode et de jus de citron. Quelles souffrances endura la pauvre malade ! mais aussi quel courage ! quelle résignation !

Dès ce moment on put prévoir que l'accident, très-grave
en lui-même, mais non absolument mortel, aurait une
issue fatale. Malgré tous les soins possibles, la situation
bientôt s'aggrava. Des deux plaies, l'une allait s'agran-
dissant, l'autre prenait un fâcheux aspect et ne se fermait
pas ; enfin il devint évident que la pauvre patiente n'aurait
ni assez de force, ni assez de générosité dans le sang pour
réparer la déperdition journalière qui se produisait né-
cessairement, et résister à l'affaiblissement causé par une
fièvre de cent vingt à cent quarante pulsations. Dès le
dix-huitième jour, le docteur remarqua avec tristesse des
intermittences dans le pouls.

Une consultation ne fit qu'augmenter nos alarmes, car
tout en constatant les soins intelligents et dévoués donnés
àla malade, le docteur Gosselin reconnut aussi que, à moins
d'un miracle, il était impossible que Mme Buron surmontât
l'épuisement graduel causé par la fièvre et la suppuration.

Et pourtant ce jour-là même une sorte d'amélioration se
produisit dans son état. Jamais je ne l'oublierai tant ma
joie fut grande ; c'était un dimanche. Elle appela auprès
d'elle ses enfants, et causa avec nous plus qu'elle ne l'a-
vait fait depuis la soirée néfaste du 24 février. Sa voix
était forte, presque autant qu'en santé ; « Faites-moi vivre
de votre vie, dit-elle à ses fils, il y a longtemps déjà que
cela ne m'est arrivé, » et elle écouta avec intérêt tout ce
qu'ils lui racontèrent. Je la crus sauvée, je me flattai
qu'elle m'était rendue. Malheureusement ce ne fut qu'un
éclair, la fièvre continuait son œuvre destructive, et tous
les jours Justine allait s'affaiblissant.

Mais sa piété croissait en raison inverse. Au siècle pré-
cédent, une religieuse de sa famille, sœur Rose, s'était assez
distinguée par son amour de Dieu et par sa charité, pour

mériter de prendre place dans un des vitraux de l'église de Nogent-le-Roi, sous le nom de *Rose Chevallier*. Il semblait que la sainteté de cette arrière-cousine et l'héroïsme de sa patronne dans les souffrances eussent passé dans l'âme de Justine. Sa résignation, pendant les quarante-cinq jours que dura sa maladie, fut en effet extraordinaire et fit l'admiration de son médecin et de son confesseur ; c'était plus que de la résignation, c'était de la sérénité. Jamais, nous disait le docteur, je n'ai vu autant de patience, autant de force morale dans une femme : Jamais, nous disait son confesseur, jamais personne ne m'a plus édifié par sa piété, son abandon à la volonté de Dieu que Mme Buron. Les sœurs n'étaient pas moins étonnées : C'est une sainte ! nous répétaient-elles, c'est une sainte ! Sainte, en effet, car toujours religieuse et bonne chrétienne, mais vive et impatiente par caractère, elle conservait, au milieu de souffrances atroces, la douceur d'un ange ; jamais une plainte, jamais un murmure. Soir et matin, elle faisait, comme en pleine santé, sa prière avec la sœur qui la veillait, et j'ai le regret ne n'avoir pas uni ma voix à la sienne dans cet épanchement du cœur avec le Tout-Puissant.

Couverte de plaies, enflée partout, soumise aux pansements les plus douloureux, frappée à mort, elle savait encore trouver le mot plaisant. Un jour que le docteur, après un pansement long et pénible, lui demandait si elle se trouvait bien couchée : « Ah ! docteur, lui répondit-elle en souriant, je ne suis certainement pas sur un lit de roses. »

« N'est-ce pas aujourd'hui le 31 mars, me demanda-t-elle un autre jour ? » Et sur ma réponse que c'était le 1er avril : « Mon Dieu, *quel poisson* ! » fit-elle en levant les yeux vers le Ciel.

Le soin qu'elle prenait de son âme ne lui faisait pas perdre de vue les nécessités de la vie, et, préoccupée des dépenses qu'entraînait sa maladie, passant en revue avec moi les ressources dont je pouvais disposer : « *Ne te démunis pas* » me répétait-elle, « *ne te démunis pas.* »

Si Justine soupçonna jamais qu'elle dût mourir des suites de l'affreux accident qui l'avait frappée, je l'ignore, mais rien ne nous donna lieu de le supposer. Deux ou trois fois, il est vrai, en nous entretenant de projets d'avenir, il lui arriva d'ajouter ces mots restrictifs : « *Si toutefois j'en reviens !* » Mais son accent, en les prononçant, était celui de toute personne qui dirait, en causant sur le même sujet : « *Si toutefois je vis.* » Plusieurs fois aussi, en jetant sur moi un regard plein de tendresse, elle s'écria : « *Pauvre père ! pauvre père !* Père, c'était le plus souvent, quand elle me parlait, son mot d'amitié ; mais cette exclamation plaintive ne fut, je crois, dans cette circonstance, qu'une allusion à mes inquiétudes, aux charges qui pesaient sur moi, et au désordre affreux de ma maison qu'elle avait toujours si bien tenue. Pourtant, peu de jours avant sa mort : « *Je ne puis plus aller longtemps comme cela,* me dit-elle, *je ne suis plus qu'une plaie !* » En effet, quelque part qu'appuyât l'appareil ou qu'on la touchât, sa peau s'enlevait et une plaie se formait. Je ne crus pas devoir relever ces paroles de peur qu'une conversation sur un si triste sujet n'affectât son moral jusqu'alors aussi bon que jamais.

Une autre fois, à la jeune femme de notre fils aîné qui lui annonçait son espoir d'être bientôt mère, elle répondit avec l'accent du plus vif regret : « *Que de beaux jours, chère enfant, je pouvais encore espérer !* »

Ces paroles semblent, il est vrai, indiquer de la part de la malade de tristes préoccupations ; mais d'un autre côté,

ce qui porterait à croire qu'elle n'a jamais pensé sérieusement qu'elle dût mourir des suites de ce cruel accident,
c'est qu'elle ne prit aucune disposition particulière ; c'est
que, assez forte de caractère pour regarder la mort en face
et sans pâlir, ni à ses enfants, ni à moi, ni aux sœurs elle
n'a témoigné de craintes positives à cet égard ; c'est qu'à
son confesseur lui insinuant que peut-être le moment était
venu pour elle de recevoir l'Extrême-Onction, elle répondit : « *Oh ! mon père, à présent que je reviens sur l'eau, rien
ne presse ;* » c'est enfin, qu'elle n'a fait à personne de nous
une seule recommandation.

Le temps marchait, nous étions au dimanche des Rameaux, ma pauvre femme déclinait sensiblement. En re-
venant de la messe, je lui apportai une petite branche de
buis bénit ; c'était elle qui, tous les ans, avait le soin d'en
couronner la tête du Christ de notre alcôve. Elle fut con-
tente de cette attention de ma part, et me le témoigna par
ces mots : « *Merci, mon ami, voilà une bonne pensée !* »

Jusque-là j'avais conservé quelque espoir, mais le lundi
matin j'éprouvai un violent serrement de cœur en voyant
que les idées de ma chère malade ne se suivaient plus ;
que cette intelligence si forte s'affaiblissait à vue d'œil ;
j'entrevis enfin qu'elle était perdue, que sa vigoureuse
constitution était surmontée, vaincue par la maladie. A
partir de ce moment, elle fut de plus en plus absorbée ;
toutefois elle buvait avec plaisir des potions fortifiantes,
ou de vieux Bordeaux et mangeait encore. Je priais Dieu
ardemment de faire un miracle ; mais sans doute, hélas !
je n'en étais pas digne, car le ciel resta sourd à mes
prières.

Comme si ce n'était pas assez de ses propres souffrances,
Justine, dans les derniers jours de sa maladie, eut encore

de tristes préoccupations sur la santé de notre fille qu'une congestion aux poumons, suite de ses inquiétudes et de la fatigue que lui occasionnaient les soins qu'elle donnait à sa mère, faillit enlever avant celle-ci. « Comment va Léonie, » me demandait Justine chaque matin, depuis qu'elle ne la voyait plus avec ses frères prendre part au pansement? et comme si elle eût mis en doute la réponse satisfaisante que je lui donnais : « Va-t-elle *vraiment* mieux, » ajouta-t-elle un jour, et je la rassurai complétement.

Le mardi, son état ne présenta aucun symptôme nouveau; le mercredi matin, la sœur offrit encore de la soupe à sa malade qui l'accepta; mais elle mangea à contre-cœur, l'enflure d'ailleurs montait visiblement. A midi, je lui donnai moi-même du jus de viande. Justine voulut comme d'habitude porter elle-même le verre à sa bouche, et, apostrophant ses mains qui lui refusaient le service, tant elles étaient enflées et tremblantes : « *Allons, mes deux incapables !* » dit-elle, et elle les approcha du verre, mais le prendre lui fut impossible, et ce fut moi qui la fis boire. « *C'est très-bon,* » fit-elle d'un air de satisfaction enfantine, quand elle eut fini; en effet, c'était presque une enfant que j'avais devant moi; ainsi l'avaient faite quarante-cinq jours de souffrance et de maladie, en dépit de sa *force de résistance,* comme avait dit le docteur, expression qui m'avait été désagréable.

Mon Dieu, qu'elle était changée ! ses tempes et ses yeux creux, ses joues, empreintes le plus souvent d'une pâleur mortelle, faisaient encore plus de peine à voir lorsqu'elles étaient empourprées par la fièvre; sa langue enfin, c'était l'expression que la pauvre malade elle-même employait, était comme un morceau de bois. Toutefois jusque-là, elle avait encore vécu de ma vie et continué à se tenir au courant de mes affaires. Mais hélas ! le moment approchait où elle allait quitter ce monde pour toujours.

En effet, je voulus, vers quatre heures, lui donner un second verre de ce jus qui avait paru lui faire plaisir, mais à mon grand chagrin, parce que cela me sembla un mauvais signe, elle le refusa ! Ses traits d'ailleurs s'altéraient visiblement ; enfin, lorsque, à six heures, le médecin vint pour le second pansement, nous reconnûmes avec lui qu'il n'y avait plus rien à faire ! sa respiration, déjà difficile et gênée, le devint de plus en plus, et le lendemain matin, dès qu'il fit jour, nous décidâmes, mes fils et moi, de la faire administrer.

Justine paraissait complétement absorbée ; mais aux premières paroles du prêtre elle ouvrit les yeux et aussi distinctement que le lui permettaient sa faiblesse et sa langue raide et gonflée : *On ne m'a pas prévenue !* dit-elle avec un véritable accent de regret. Cette exclamation toute spontanée me semble une preuve que la pauvre mourante n'avait pas jusqu'alors soupçonné la gravité de son état ; et ce qui me fortifie encore dans cette opinion, c'est que, quelques instants auparavant, lorsque je lui avais demandé de ses nouvelles, elle m'avait répondu, mais d'une façon presque inintelligible : « *Moi, je vais bien ; je ne souffre pa du tout, je dors toujours.* »

Quoi qu'il en soit, la cérémonie commença, et notre chère malade, qui avait retrouvé toute sa lucidité, s'unit d'intention avec le ministre de Dieu qui lui ouvrait les portes du ciel. Mais elle était bien faible ; la sueur perlait en grosses gouttes sur son front, et lorsque le prêtre lui dit : « *Ma sœur, en cet instant suprême, bénissez vos enfants agenouillés à vos pieds, afin que Dieu les bénisse lui-même avec vous dans le ciel* » : « *Mon père,* répondit la pauvre agonisante : *bénissez-les pour moi, je n'en ai pas la force !* » Et le ministre du Très-Haut fit selon son désir.

Quelques moments après, je crus devoir lui amener les enfants de notre fille ; depuis la mort de leur père, ils vivaient avec nous, et ils aimaient beaucoup leur grand'mère. A son petit-fils Henri, elle fit du mieux qu'elle put un sourire plein d'amitié ; mais par un effort suprême, elle réussit à dire à sa petite-fille, avec un accent ineffable de tendresse que je n'oublierai jamais : « *Bonjour, ma Jeanne.* » A moi, elle ne me dit rien, parce que toujours, et en ce moment surtout, craignant de provoquer chez elle une émotion funeste, je m'abstins de lui parler en mon nom. Toutefois, l'avant-veille de sa mort, sur ma demande, elle m'avait donné un baiser qui m'alla jusqu'au cœur tant il fut tendre et accentué ; dernier baiser d'une femme chérie et honorée, plus précieux encore pour moi que le premier qu'elle m'avait accordé à une époque bien différente.

Mère pleine d'affection, Justine cependant ne dit rien non plus à ses fils qui, pour le même motif, gardèrent avec elle la même réserve que moi. Un peu plus tard elle sourit encore à sa nièce qu'elle aimait beaucoup, et à un bon abbé de mes amis qui venait pour la voir, ne se doutant pas que l'agonie eût commencé.

Jusqu'à son dernier soupir, et pour moi c'est un triste mais consolant souvenir, elle me prouva par un tressaillement de ses traits déjà raidis par la mort, qu'elle entendait et reconnaissait ma voix. Enfin, vers quatre heures et demie, il devint évident que la vie allait abandonner celle que le ciel, dans un jour de faveur, m'avait donnée pour compagne. En effet, peu après, sans convulsion, sans effort, elle rendait à Dieu son âme sainte et pure, et recevait de ses mains divines la couronne, récompense de ses vertus.

Mes fils m'éloignèrent et rendirent aussitôt à leur mère les derniers devoirs avec douleur, amour et respect. Lorsqu'ils l'eurent recouchée sur son lit funèbre, je revins auprès d'elle et déposai en pleurant sur son front déjà glacé un douloureux baiser ; puis je m'agenouillai, plus disposé à l'invoquer qu'à prier pour elle, tant j'étais convaincu qu'elle avait trouvé grâce devant Dieu. Et pour cela, ne suffisait-il pas de contempler l'expression calme et souriante de son visage ? Le bonheur dont elle jouissait déjà dans les cieux se reflétait sur cette dépouille mortelle qu'elle abandonnait à la terre.

Un cadavre ! Voilà donc tout ce qui me restait d'une femme tendrement aimée ; d'une femme esclave du devoir, la raison même, instruite, éclairée, d'un jugement sain, d'un goût sûr en art et en littérature, d'un cœur droit, aimant et rempli de charité, d'une amie fidèle et dévouée, prompte à la répartie, dont la démarche, le regard, le maintien révélaient la noblesse de l'âme et l'élévation du caractère. Oui, voilà ce qui me restait d'une femme *supérieure*, comme me l'ont dit plusieurs de ceux qui l'ont le mieux connue !

Née le dimanche des Rameaux, elle expira le jeudi saint, à l'âge de 64 ans, cinq jours avant le trente-quatrième anniversaire de notre mariage, après avoir conduit elle-même, il y avait trois mois à peine, ses deux fils à l'autel nuptial. Comme un habile et vaillant capitaine qui meurt au sein de la victoire, elle était morte aussitôt sa tâche accomplie. Justine n'eut pas le temps de jouir de son œuvre, de voir l'harmonie, la bonne entente de ces jeunes ménages, mais elle put du moins pressentir les bonnes qualités de ses belles-filles et le bonheur de ses fils ; elle eut même la consolation de savoir que bientôt elle allait revivre dans leurs enfants.

Le surlendemain, à Saint-Sulpice, son corps froid et inanimé, couché dans un cercueil, occupait à peu près la place où, deux mois auparavant, notre second fils recevait la bénédiction nuptiale. Et moi, comme dans ce beau jour, je me tenais encore à côté d'elle, mais pour la dernière fois, et priant pour le repos de l'âme de celle dont au prix de ma propre vie j'aurais voulu prolonger l'existence !

Hélas ! dix jours auparavant, j'assistais, le cœur navré, et pressentant mon malheur prochain, au service funèbre du beau-père de mon plus jeune fils, enlevé subitement, dans toute la force de l'âge et de la santé, à la vieille affection des siens et à l'amitié filiale et toute récente d'un gen-dre qui déjà s'était plu à la lui témoigner.

O douloureux pressentiment trop tôt réalisé ! C'était à présent pour ma femme que le prêtre célébrait le saint sacrifice, pour elle que l'on chantait le *Dies iræ*, qui toujours m'avait profondément ému ! pour elle que l'on chantait le *De profundis !* Ainsi, à moins de trois mois de distance, deux des témoins principaux de ce mariage, le père de l'épouse et la mère de l'époux, avaient disparu !

Providence divine qui semblez vous jouer du cœur de l'homme ; qui placez une tombe à côté d'un berceau, et changez en habits de deuil la blanche parure de la jeune mariée, puisque je n'ai point, ce jour-là, succombé à ma douleur, que dois-je donc attendre encore ? A quels nouveaux malheurs me réservez-vous ?

Déjà pendant la maladie de ma pauvre femme, de nombreux amis, tous ceux enfin qui nous portaient quelque intérêt étaient venus fréquemment s'informer de son état chez le concierge, et s'étaient inscrits sur le registre où chaque matin nous écrivions le bulletin de notre espoir ou de nos craintes, et j'en avais été profondément touché.

Je le fus davantage encore, le jour du service funèbre, de l'empressement avec lequel on y vint, du recueillement que l'on y montra. Que de marques de sympathie nous reçûmes, mes enfants et moi, en ces tristes instants! Ils étaient là tous ceux qui naguère s'étaient associés à nos joies, tous ceux qui nous avaient complimentés sur notre bonheur, et maintenant, inconstance des choses humaines, néant et vanité des choses de la vie! ils déploraient avec nous la mort si soudaine et si malheureuse de la femme qu'ils avaient estimée et aimée. Tous, j'en suis sûr, se disaient avec moi : « La vie, c'est le chemin de la mort! les souffrances, les maladies, les deuils en sont les douloureuses étapes. » Beaucoup avaient les larmes aux yeux, beaucoup même accompagnèrent *la pauvre madame Buron,* ainsi l'on s'exprimait dans ce douloureux moment, à sa dernière demeure, et versèrent avec moi des pleurs sur sa tombe. Qu'ils en reçoivent ici l'expression de ma reconnaissance et mes remerciements!

Pour moi, je vis encore, mais pour soupirer et gémir! Que votre volonté soit faite, ô mon Dieu! Mais lorsque vous me redemanderez cette vie, désormais brisée, ce sera sans regret que je répondrai à votre appel, et que je remettrai mon âme entre vos mains pour aller rejoindre celle qui, pendant trente-quatre ans, a été sur la terre mon bonheur et ma joie.

Paris. — Imp. de E. Donnaud, rue Cassette, 9.

www.ingramcontent.com/pod-product-compliance
Lightning Source LLC
LaVergne TN
LVHW020446060726
842525LV00005B/1563